Mach was aus Papier
... mit Tipp, dem Bastelzwerg

TIPP

Angelika Wolk-Gerche

Mach was aus Papier ... mit Tipp, dem Bastelzwerg

Verlag Freies Geistesleben

ISBN 3-7725-1951-2

1. Auflage 2000
Verlag Freies Geistesleben
Landhausstraße 82, 70190 Stuttgart
Internet: www.geistesleben.com

© 2000 Verlag Freies Geistesleben & Urachhaus GmbH, Stuttgart
Fotos: Wolpert & Strehle, Stuttgart
Angelika Wolk-Gerche, Winterbach
Druck: Brepols N.V., Turnhout, Belgien

Inhalt

Papierfaltpuppe aus Japan

1. Begrüßung

*Hallo, ich bin Tipp, euer Bastelzwerg.
Heute möchte ich euch zeigen, was ihr alles aus
und mit Papier machen könnt.*

Wisst ihr eigentlich, dass das Papier in China erfunden wurde? Das ist schon mindestens 2000 Jahre her. Durch buddhistische Mönche gelangte die Kunst der Papierherstellung später nach Japan. Dort gründete der Kaiser persönlich die erste Papiermacherei, und hier, in Japan, erlebte dieses Handwerk seine Blütezeit. Aus Japan habe ich euch übrigens diese schöne Papier-Faltpuppe mitgebracht. Vor ungefähr 1200 Jahren lernten dann die Araber die Herstellung von Papier, und sie brachten es auch den Europäern bei. Die erste deutsche Papiermühle baute man in Nürnberg vor gut 700 Jahren.

Heute können wir uns das Papier aus dem alltäglichen Leben gar nicht mehr wegdenken. Unsere Bücher sind aus Papier, die Schulhefte, die Zeitung, die Brottüte und vieles mehr, sogar die Schwalbe, auf der ich hier angerauscht komme! Aus folgenden Rohstoffen kann man Papier herstellen: Hölzern und Rinden, verschiedenen Pflanzenfasern, Leinen- und Baumwolllumpen, Stroh und natürlich Altpapier.

Wenn du einmal in eurem Haus herumschaust, wirst du sicher viele verschiedene Papierarten finden: Zeitungspapier, Pack- und Einwickelpapier, zerknitterte Obst- und Bäckertüten, buntes Papier von Illustrierten und Prospekten, Schreibpapier, alte Schulhefte und so weiter. All das können wir gebrauchen, wie die Vorschläge in diesem Büchlein zeigen. Im Papierwarenladen schließlich gibt es Bunt- und Tonpapier, Goldfolien, feines Zeichenpapier, Japanpapier, Seiden-, Transparent- und Geschenkpapier und noch vieles mehr zu kaufen. Frage einmal im Malergeschäft nach, vielleicht hat man dort ausrangierte Tapetenbücher. Die wird man dir gerne kostenlos geben, und damit hast du auf einen Schlag einen ganzen Berg stabiles Bastelpapier. Wenn du schon einmal im Malergeschäft bist, dann besorge dir doch gleich ein Päckchen Tapetenkleister zum Anrühren für dein Papiermaché. Übrigens, könnt ihr euch vorstellen, dass es Tiere gibt, die Papier machen können, nein? – Dann schlagt einmal Seite 48 auf.

Chinesischer Papiermacher. Älteste bekannte Darstellung der chinesischen Papiermacherei aus dem Werk «Über Dinge, die aus den Stoffen des Naturreiches gewonnen werden». Erstmals gedruckt in Peking im Jahre 1637.

2. Die Tipp-Bastelkiste

Wenn du eine schöne Papiersammlung zusammenhast, brauchst du einen guten Platz zum Aufbewahren. Wie wär´s mit einer «Bastelkiste», wie ich sie z.B. selbst zu Hause habe? Auf der Abbildung kannst du sie sehen. Es ist ein stabiler Obstkarton mit zwei Griffen daran, vom Kaufmann um die Ecke. Solch eine Kiste hat mehrere Vorteile: Alles ist immer übersichtlich beisammen und man muss nicht erst lange herumsuchen sondern kann gleich anfangen.

Möglicherweise ersparst du dir sogar Ärger mit den anderen Hausbewohnern, denen deine Sachen sonst vielleicht überall im Weg herumliegen würden.
In meiner Kiste nun siehst du alle möglichen Papiersorten, Papierschnipsel, Goldpapier, Altpapier, Tapete, Karton, Klebstoff, Farben, Pinsel, Klarlack, Schere, Lineal, Bleistift, Zirkel, einen kleinen Eimer für fertigen Tapetenkleister oder die Pulpe, Utensilien zum Papierschöpfen und so weiter.

3. Gefaltet, geschnitten, geklebt

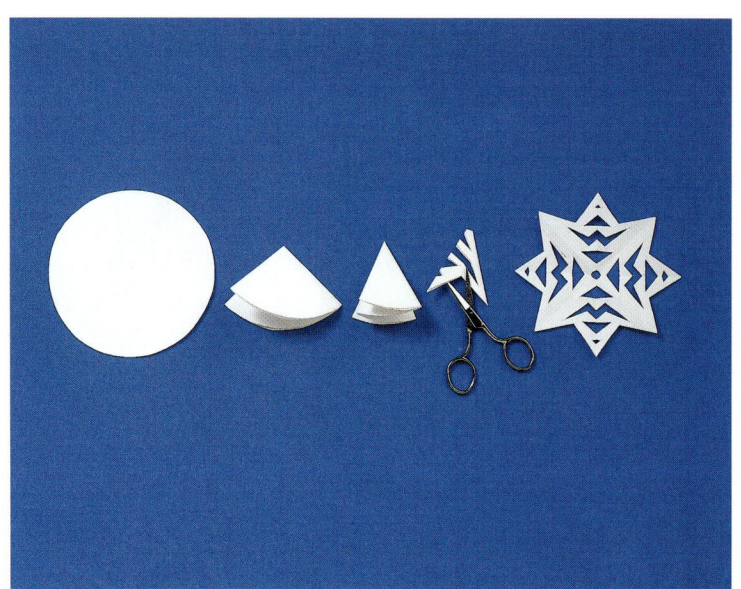

Faltrosetten und -sterne

*Material und Werkzeug:
Weißes Schreibpapier oder
Tonpapier, Schere, Zirkel
oder einen runden Teller
(Untertasse)*

Zuerst wird mit dem Zirkel oder Teller ein Kreis auf das Papier gezeichnet. Den Kreis ausschneiden und zur Hälfte falten. Anschließend noch einmal zum Viertel falten. Die Knifflinien mit dem Daumennagel ganz glatt streichen. Nun kannst du nach Lust und Laune die gefalteten Seiten einschneiden. Schneide kleine Formen wie Dreiecke, Halbkreise usw. sauber heraus. Dann falte das Papier vorsichtig auf und lass dich von dem Muster überraschen.

Wenn du Geburtstag hast, bekommt jeder Gast solch einen feinen, weißen Untersetzer für sein Trinkglas.

Variationen:
Falte den Kreis nicht nur zu einem Viertel sondern noch einmal, zu einem Achtel. Dein Muster wird dann noch reichhaltiger. Die Achtel in zwei verschiedene Richtungen falzen, dann ist das Papier besser verteilt und das Muster wird sauberer.

Ein Stern entsteht, wenn du nach dem Falten aus der runden Seite ein Dreieck schneidest, schau dir dazu die Abbildung an. Wenn der fertige Stern mit Transparentpapier hinterklebt wird, hast du einen leuchtenden Fensterschmuck. Du kannst die runde Seite auch mit Wellen oder ganz kleinen Zacken versehen, so bekommt deine Rosette einen interessanten Rand. Klebe sie zum Schluss auf Goldpapier oder eine Grußkarte. Wer weißes Papier für den Faltschnitt zu langweilig findet, der faltet seine Sterne und Rosetten einfach einmal aus dem bunten Papier von Prospekten oder Katalogen.

Tanne, Laubbaum und Stern

Tannenbaum,
Material und Werkzeug:
Grünen Karton oder dünne,
grüne Wellpappe, etwas
Klebstoff, Schere und Blei-
stift

Nach der Vorlage zweimal den Tannenbaum aus-schneiden. Dann den ers-ten Baum von der Spitze aus senkrecht bis zur Hälfte ganz gerade ein-schneiden. Am besten zeichnet man die Linie mit einem Lineal an. Das zwei-te Bäumchen von unten ebenso bis zur Hälfte ein-schneiden. Nun beide Hälften zusammenste-cken. Eventuell ein Tröpf-chen Klebstoff an die Spit-ze und den Fuß geben.
Achtung: Der Schnitt muss so breit sein, wie der Karton dick ist! Die Well-pappe auf der Abbildung ist zum Beispiel 1 mm dick, deshalb musste der Schnitt auch zirka 1 mm breit sein, sonst hätte es nicht gepasst.

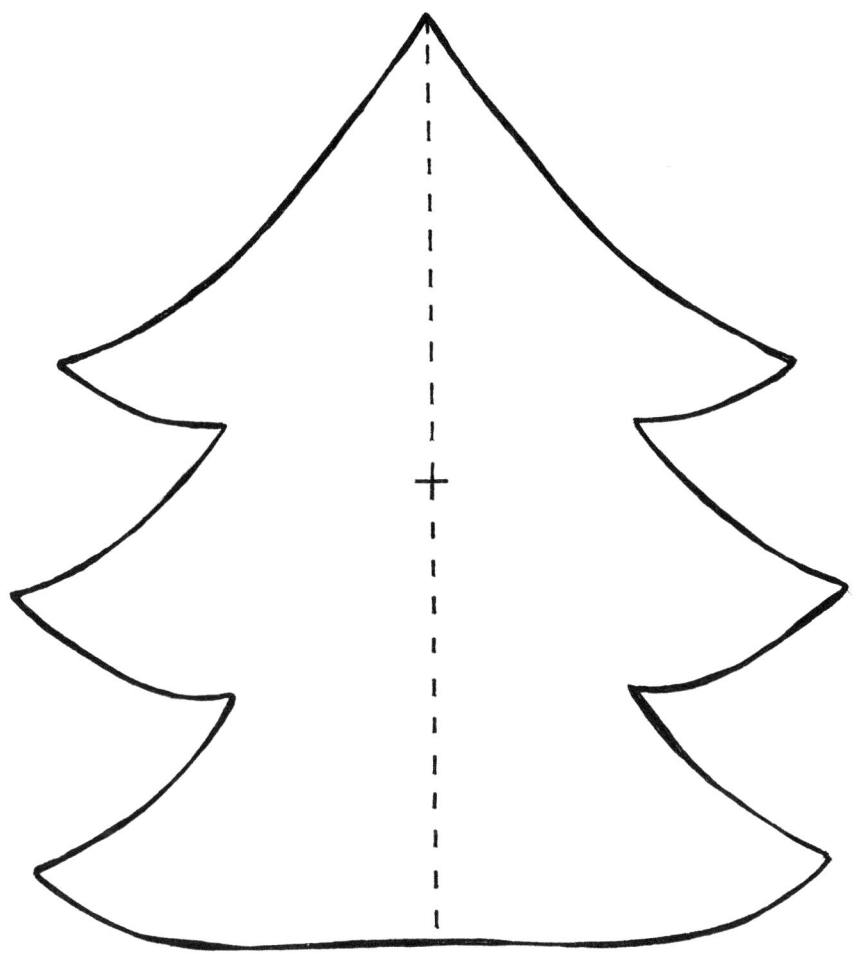

Tannenbaum zum Zusammenstecken

1. Tannenbaumhälfte 6 cm von oben einschneiden.
2. Baum 6 cm von unten einschneiden.
Beide Hälften zusammenstecken.

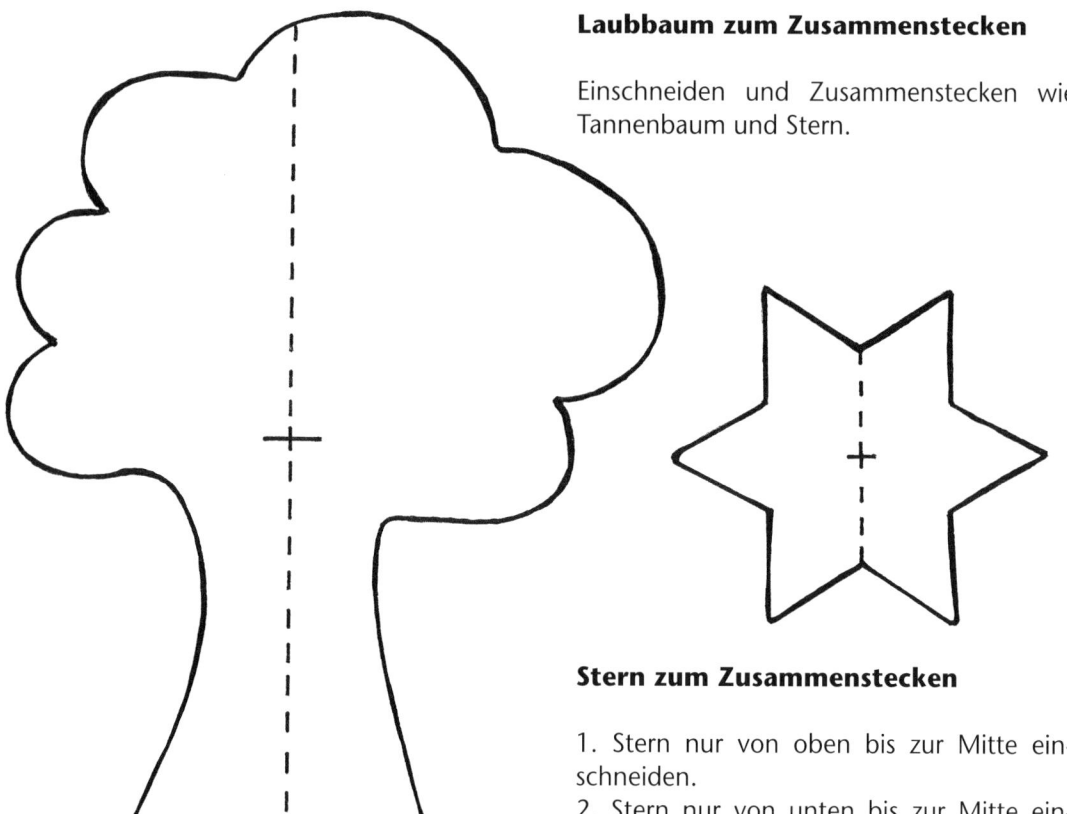

Laubbaum zum Zusammenstecken

Einschneiden und Zusammenstecken wie Tannenbaum und Stern.

Stern zum Zusammenstecken

1. Stern nur von oben bis zur Mitte einschneiden.
2. Stern nur von unten bis zur Mitte einschneiden.
Beide Hälften zusammenstecken.

Laubbaum, Material und Werkzeug:
Tonkarton in Grün- und Brauntönen, Werkzeug wie oben.

Wenn du für deine Spiellandschaft einen Mischwald brauchst, dann bastle dir noch einige Laubbäume. Du kannst sie, wie natürlich auch die Tannen, in unterschiedlichen Größen herstellen. Form des Laubbaumes siehe Skizze, alles weitere wie «Tannenbaum».

Stern, Material und Werkzeug:
Goldfolie, Bleistift, Schere, falls vorhanden einen Plätzchen-Ausstecher in Sternform

Zwei Sterne sauber ausschneiden und so einschneiden, wie die Zeichnung zeigt, dann zusammenstecken.
Viele kleine Goldsterne dieser Art lassen euren Weihnachtstisch festlich erstrahlen.

Wackelenten

Material und Werkzeug:
Gelben Tonkarton, Farbstifte, Schere,
Alleskleber

Die Ente besteht aus zwei Hälften, die an Kopf, Rücken und der Schwanzspitze zusammenhängen. Deshalb kann man sie aufstellen und sogar noch etwas darunter verstecken, zum Beispiel ein Ei.
Den Tonkarton falten und die Entenform so darauf zeichnen, dass Kopf, Rücken und Schwanz genau an der Falzkante liegen. Nun beide Formen gleichzeitig ausschneiden. Die

Flügel extra ausschneiden und ankleben. Mit den Farbstiften ein lustiges Gesicht aufmalen – schon fertig! Auf diese Weise könnt ihr natürlich noch viele andere Tiere herstellen.

15

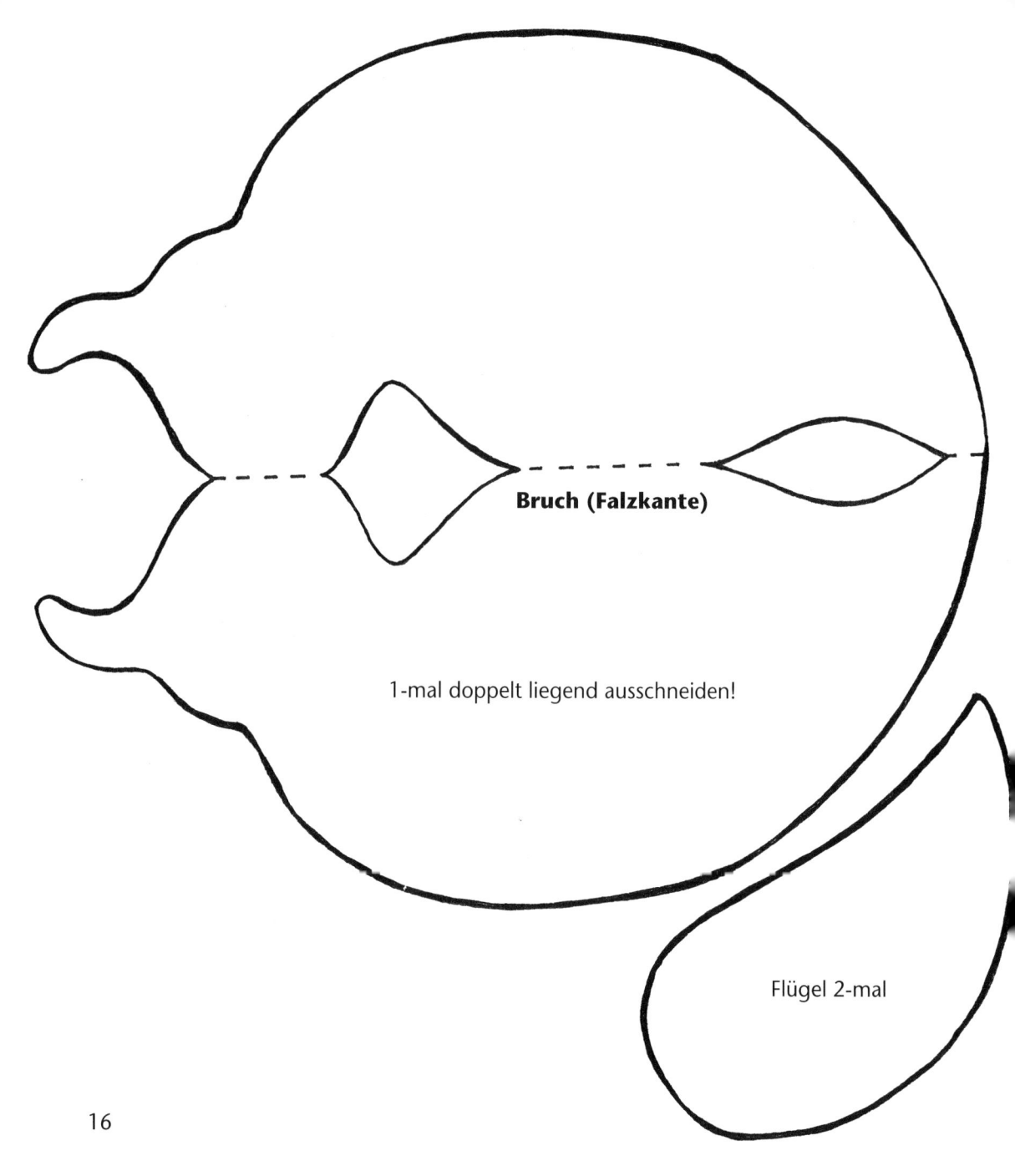

Bruch (Falzkante)

1-mal doppelt liegend ausschneiden!

Flügel 2-mal

Windmühle

Material und Werkzeug:
Festes, farbiges Papier, 1 Stecknadel mit Glas-
knopf, 1 runde Glasperle, 1 Stock, Schere

Aus dem Papier ein Quadrat (du weißt ja, bei einem Quadrat sind alle Seiten gleich lang) ausschneiden und ein Schrägkreuz hinein-falten, von einer Ecke zur anderen. Dann werden die schrägen Linien eingeschnitten, etwas mehr als zur Hälfte auf dem Weg zur Mitte. Nun sieht man vier Dreiecke. Von je-dem wird der Reihe nach eine Ecke zur Mitte gebogen, aber bitte ohne Knick! Hier, in der Mitte, werden die Ecken an dem Stock fest-gesteckt. Dazu verwendet man die Glaskopf-Stecknadel. Vorher wird zwischen Stock und Nadel noch die Glasperle, die nicht zu klein sein sollte, eingefügt. Dadurch gewinnt die Mühle etwas mehr Spielraum und dreht sich nachher «wie geschmiert» im Winde.
So kannst du eine riesengroße Windmühle oder viele kleine, bunte Mühlen herstellen, die man auch sehr gut an einer Astgabel be-festigen kann. Wenn kein buntes Papier zur Hand ist, mach es so wie wir und bemale einen weißen Bogen mit Wasserfarben.

(1)

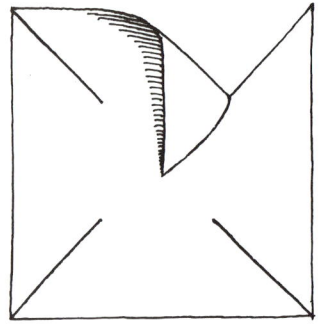

(2)

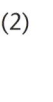
Stecknadel

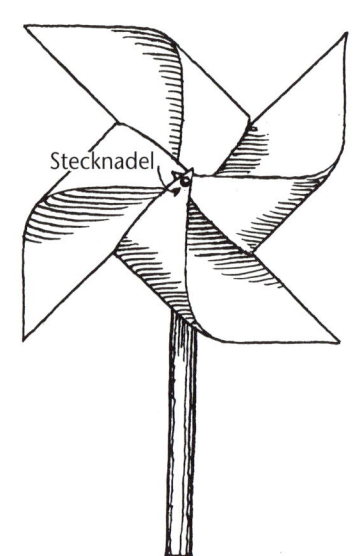

(1) Quadratisches Papier, eingeschnitten, erster Zipfel umgebogen.

(2) Alle Zipfel umgebogen, auf Stecknadel aufgefädelt.

Drei goldene Spitztüten

Material und Werkzeug:
Goldfolie, weißes Seidenpapier, Zirkel, Bleistift, Klebstoff, etwas dünnes goldenes Band.

Aus der Goldfolie einen Kreis mit einem Durchmesser von 14 cm ausschneiden.
Aus dem Seidenpapier einen Kreis mit einem Durchmesser von 28 cm ausschneiden
Wenn du noch nicht so gut mit einem Zirkel umgehen kannst, dann nimm für den großen Kreis aus Seidenpapier einen großen Essteller aus eurem Geschirrschrank und umrunde ihn. Für den Goldpapierkreis verwende eine Untertasse. Die beiden Kreise genau mittig aufeinander kleben und in drei ungefähr gleich große Teile schneiden, wie die Abbildung zeigt. Diese Teile zu Spitztüten drehen und zusammenkleben. Eine Weile mit Daumen und Zeigefinger festhalten, damit der Kleber antrocknet. Mit dem dünnen Goldband die Tüten oben zubinden. Vorher kannst du etwas «Schönes» darin verstecken.

Anmerkung:
Die Goldfolie bekommt ein Muster, indem man mit einem Teigrädchen oder einem Kopierrädchen darüber fährt und Linien hineindrückt. Ein Teigrädchen habt ihr wahrscheinlich bei euren Küchenutensilien. Kopierrädchen braucht die Schneiderin zum Durchkopieren von Schnittmustern.

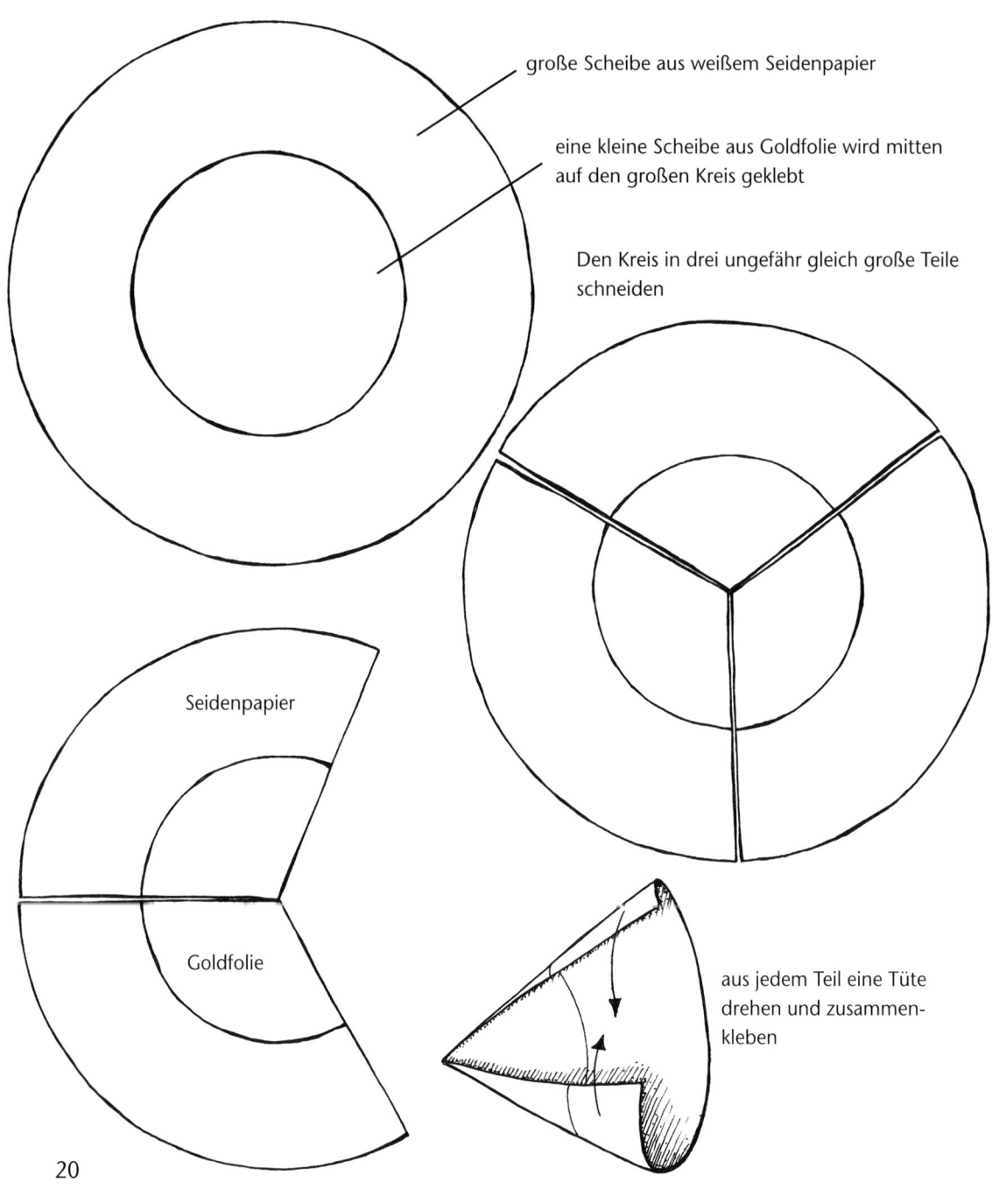

große Scheibe aus weißem Seidenpapier

eine kleine Scheibe aus Goldfolie wird mitten auf den großen Kreis geklebt

Den Kreis in drei ungefähr gleich große Teile schneiden

Seidenpapier

Goldfolie

aus jedem Teil eine Tüte drehen und zusammenkleben

20

Weiße Falttüten

Material und Werkzeug:
Festes, weißes Papier, Schere, Klebstoff

Diese wunderbaren Tüten kannst du in allen Größen herstellen. Wenn man einmal damit angefangen hat, kann man gar nicht mehr aufhören, so viel Spaß macht es. Du kannst sie sicher besonders gut in deinem Kaufladen gebrauchen.

Und so wird's gemacht:
Aus dem Papier ein Quadrat ausschneiden. Das Blatt in der Mitte falten und wieder aufklappen. Zuerst die rechte Seite, dann die linke ein wenig über die Mittellinie legen und so die neuen Außenseiten falten. Diese Kanten, die sich ja ein wenig überlappen, zusammenkleben. Boden: Zunächst die linke, dann die rechte Ecke einer Schmalseite an die Mittellinie kniffen, so dass eine «Pfeilspitze» entsteht. Das Ganze wieder aufklappen. Danach beide Ecken genauso zur anderen Seite an die Mittellinie kniffen und auch wieder aufklappen. Nun brauchen wir etwas Fingerspit-

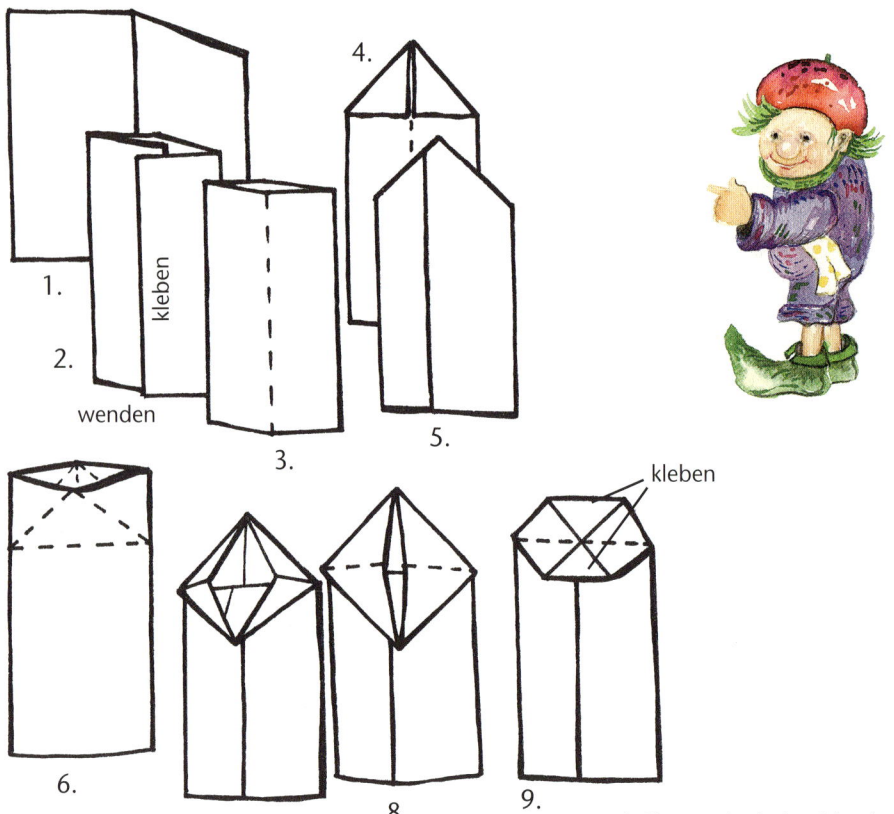

zengefühl, um zuerst die eine, dann die andere Ecke nach innen, bis an die Knicklinien der «Pfeilspitzen» einzudrücken. Wahrscheinlich geht das aber ganz leicht, fast wie von selbst. Nun haben wir zwei Spitzen. Eine der Spitzen nach unten schlagen und knicken, jetzt erkennt man ein kleines Quadrat. Den oberen und unteren Zipfel dieses Quadrates zur Mitte falzen und festkleben – das wär´s!

1. Ein quadratisches Blatt in der Mitte falten.
2. Seiten ein wenig über die Mittellinie legen, so dass eine Klebekante entsteht.
3. Blatt umwenden.
4. Pfeilspitze falten.
5. Wenden und auch hier eine Pfeilspitze falten.
6. Alles aufklappen und entlang der Knicklinien nach innen drücken.
7. Zwei Spitzen sind entstanden.
8. Eine Spitze glatt nach unten schlagen.
9. Beide Zipfel zur Mitte knicken und festkleben, dann ist der Tütenboden fertig.

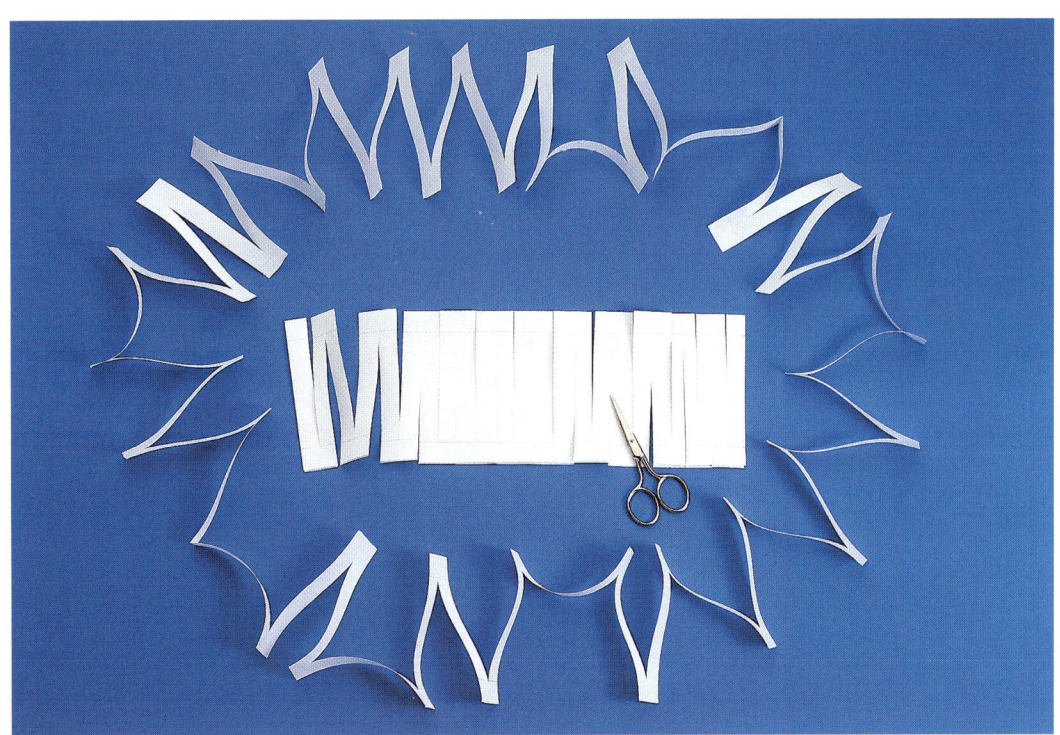

Wer kann durch einen Briefbogen steigen?

Ich, Tipp, bin ja nicht so groß und könnte es wahrscheinlich. Aber schaffst du das auch? Ich will dir verraten, wie das geht! Du kannst mit deinem Freund ruhig schon einmal eine Wette darüber abschließen, dass du durch einen Briefbogen steigen kannst.

Jetzt pass genau auf:

Einen ganz normalen Briefbogen der Länge nach in der Mitte falten. Dann an einer Seite entlang gleichmäßig wie einen Kamm einschneiden. Dann umdrehen und von der anderen, gegenüberliegenden Seite ebenfalls einschneiden, aber immer zwischen den ersten Einschnitten bis kurz vor den Rand. Anschließend den Mittelbruch aufschneiden. Achtung: Den ersten und den letzten Streifen ganz lassen, sonst wird es nichts! Nun ziehe das Papier ganz, ganz vorsichtig auseinander, und es entfaltet sich ein großer Papierring, durch den du mühelos hindurchsteigen kannst. Gib Acht, dass er nicht einreißt, sonst wäre die Wette doch noch verloren und du könntest dich gar nicht über das verblüffte Gesicht deines Freundes oder deiner Freundin freuen!

Tischlaterne

Diese kleinen Tischleuchten mit einem Tee-licht in der Mitte geben ein stimmungsvolles Licht, besonders an langen Winterabenden.

Material und Werkzeug:
Goldpapier, Alleskleber, Lineal, Schere, 1 Tee-licht.

Aus dem Goldpapier einen Streifen von 20 x 12 Zentimetern schneiden und mittig falten, so dass die beiden längeren Seiten genau aufeinander liegen. Hier mit dem Lineal eine waagerechte Linie anzeichnen, ungefähr 1 cm von der Kante entfernt. Nun von unten, also von der geknickten Kante aus, das Papier einschneiden. Die Schnitte sollten möglichst gerade und zirka 1 cm vonein-ander entfernt sein. Achtung: Immer nur bis zu der angezeichneten Linie einschneiden! Dann das Ganze auffalten, den linken und den rechten äußeren Streifen übereinander kleben, Teelicht hineinstellen – fertig!
Dass man die Laterne mit der brennenden Kerze darin nicht unbeaufsichtigt lassen soll-te, weißt du ja.

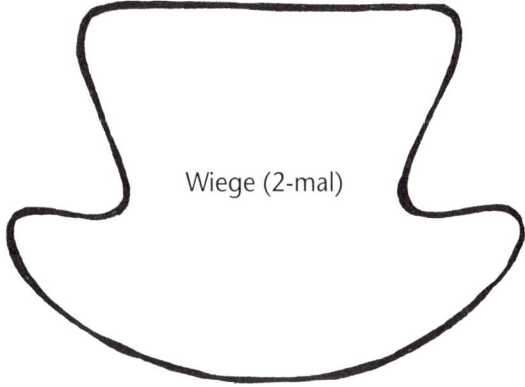

Mini-Wiegen

Material und Werkzeug:
Festes Papier, wir haben Tapete verwendet,
von einer Streichholzschachtel das Innenteil,
also den Einschub, Schere, Bleistift, Alleskleber

Zwei gleiche Wiegenteile, siehe Vorlage, aus
Papier ausschneiden. Die beiden Schmalsei-
ten der Streichholzschachtel mit Klebstoff
bestreichen und die Wiegenteile in der richti-
gen Höhe dagegen kleben.
Als «Bettzeug» haben wir farbige, ungespon-
nene Wolle in die kleinen Wiegen gelegt.

Wiege (2-mal)

Schalen aus Papierschlangen

Sehen diese Schälchen nicht aus, als wären es Keramiken, entstanden auf einer Töpferscheibe? Man kann es fast nicht glauben, aber sie bestehen aus ganz simplen Papierschlangen, wie man sie an Silvester oder Fasching in die Luft pustet.

Material und Werkzeug:
Papierschlangen, je mehr, desto besser,
1 Stecknadel, Wasserglas zum Einpinseln
und Stabilisieren.

Und so wird´s gemacht:
Die Papierstreifen sehr fest aufwickeln, immer rundherum, das ist am Anfang etwas knifflig. Bald entsteht eine flache, dicke, feste Scheibe. Vorsicht: Nicht aus der Hand fallen lassen, dann dreht sich alles wieder ab. Wenn man eine Pause machen möchte, steckt man das Ende mit einer Stecknadel fest oder benutzt ein kleines Stück Klebefilm. Am nächsten Tag geht´s dann weiter, schön fest, rundherum. Irgendwann ist die Scheibe so groß, dass man sie nur noch schlecht in den Händen halten kann. Dann wird auf einer Tischplatte weitergewickelt. Wer endlich mit der Größe seiner Scheibe zufrieden ist, klebt das Ende mit einem Tropfen Alleskleber fest. Und nun wird es spannend: Mit sanftem Druck formen wir nämlich aus der flachen Scheibe eine gleichmäßig gewölbte Schale. Dabei muss man ganz vorsichtig sein, ein Millimeter zu viel und die ganze Pracht fällt auseinander.

Ist das geschafft, pinselt man das Schälchen innen und außen zweimal mit Wasserglas ein. Nach dem Trocknen, das geht sehr schnell, ist das Stück ganz fest und stabil und hat einen schönen, matten Glanz.

Bitte beachten:

Wasserglas ist eine durchsichtige, lackartige Flüssigkeit, man bekommt es in Drogerien. Es wird überwiegend zum Haltbarmachen von Eiern verwendet. Wasserglas ist nicht ganz ungefährlich, denn es reizt Augen und Haut, wenn man unsachgemäß damit hantiert. Die Jüngeren unter euch sollten daher einen «Großen» bitten, das Einpinseln der Schälchen zu übernehmen. Achtet bitte unbedingt darauf, dass die kleinen Geschwister die Flasche mit dem Wasserglas nicht in die Hände bekommen.

Einfache Masken

Hast du manchmal Lust, dich zu verkleiden und in eine andere Rolle zu schlüpfen? Dann sind die hier beschriebenen Masken vielleicht das Richtige für dich, denn du kannst sie ganz schnell und leicht selber machen.

Material und Werkzeug:
Tonkarton oder anderen, nicht zu dicken Karton, Farbstifte und (oder) Wasserfarben, Buntpapier, altes Geschenkband, Klebstoff, Schere, Lineal, Klebefilm

Zuerst wird das Oval aus dem Tonkarton ausgeschnitten. Richte dich dabei nach der Skizze. Augen anzeichnen, Einschnitte an Stirn und Kinn anzeichnen, aber noch nicht einschneiden. Waagerechte Linie an der Stirn ebenfalls einzeichnen. Nun kannst du diese Maskenform nach Lust und Laune bemalen, eine ulkige Nase darauf kleben, aus Buntpapier ausgeschnittene Augenbrauen, Wangen, Wimpern und so weiter ankleben. So zauberst du Clowns, feine Damen, Räuber oder allerhand lustige Tiergesichter. Wenn das alles fertig ist, werden die Augenlöcher schön rund und nicht zu groß herausgeschnitten. Alle Markierungen an Stirn und Kinn einschneiden. Die waagerechte Linie an der Stirn einritzen. Dazu mit einem Messer am Lineal entlangfahren. Diesen Streifen dann nach hinten knicken. Die Einschnitte hier und am Kinn übereinander kleben. Die Stellen eine Weile festhalten und zusätzlich von innen mit Klebefilm fixieren, denn die

Spannung ist hier sehr groß. Nun hat deine Maske eine schöne Wölbung, so dass sogar deine Nase genügend Platz dahinter hat. Zum Schluss das Geschenkband innen ankleben. Wenn du die Maske aufsetzt, soll das Band über die Ohren verlaufen, damit sie nicht herunterrutscht.

Sicher findest du im Haus noch alte Kleider, Hüte, Tücher, Felle und so weiter, die zu deiner Maske passen und deine Verkleidung komplett machen!

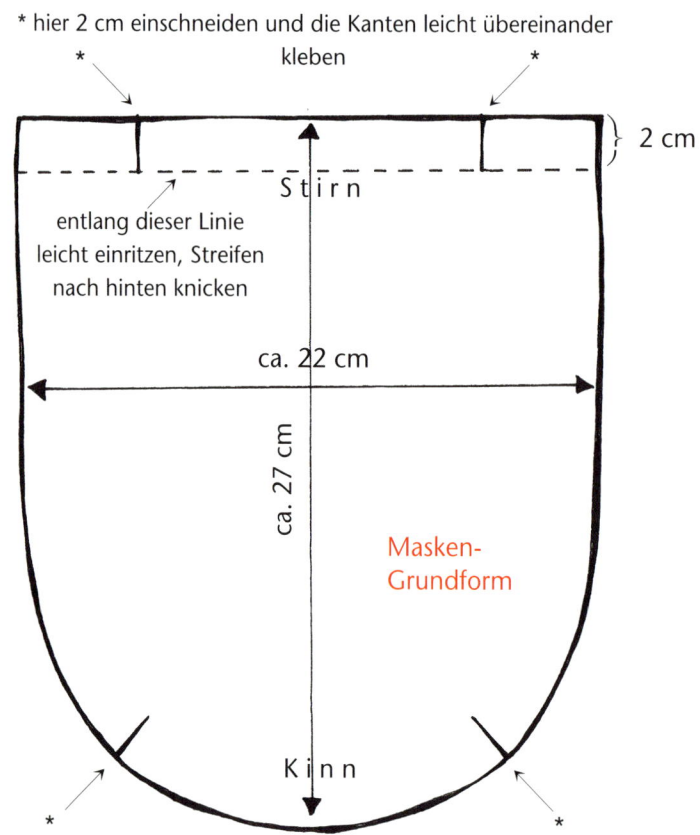

* hier 2 cm einschneiden und die Kanten leicht übereinander kleben

*

*

2 cm

Stirn

entlang dieser Linie leicht einritzen, Streifen nach hinten knicken

ca. 22 cm

ca. 27 cm

Masken-Grundform

Kinn

*

*

4. Papiermaché

Papiermaché wird aus Papierschnipseln oder -streifen und Tapetenkleister hergestellt. Aus Papiermaché kann man die unterschiedlichsten und lustigsten Dinge machen. Sie sind nach dem Trocknen sehr stabil und lassen sich gut bemalen, bekleben und lackieren. Wenn man mit Papiermaché arbeitet, wird der Tisch vorher gut mit Zeitungspapier abgedeckt. Ein alter Lappen, an dem man sich ab und zu die Finger abwischen kann, sollte auch bereitliegen.

Drei bunte Teller

Originelle Teller kann man immer gebrauchen. Deshalb sollt ihr heute erfahren, wie man Teller aus Zeitungspapier und Tapetenkleister herstellen kann.

Material und Werkzeug:
1 Teller aus eurem Geschirrschrank, Größe nach Wunsch, Zeitungspapier, Schere, Tapetenkleister, buntes Papier z.B. Kalenderbilder oder aus Gartenkatalogen, Bastelfarben (Waco oder Deka), Pinsel und Klarlack.

Tapetenkleister mit Wasser anrühren, wie es auf der Packung beschrieben ist. Während der Kleister quillt, die Zeitung in Streifen schneiden. Sie sollten etwa 1,5 – 2,0 cm breit sein. Schneide auch einige weiße Streifen vom Rand der Zeitungsblätter. Mit einem breiten Borstenpinsel nun die weißen Streifen nacheinander mit dem Kleister einstreichen und glatt auf den Teller legen. Die Streifen sollen sich alle ein wenig überlappen und gerade nebeneinander liegen. Ist die ganze Tellerfläche belegt, noch einmal mit dem Kleisterpinsel darüber fahren, nicht mit Kleister sparen! Dann die überstehenden Streifenenden rundherum sauber abschneiden. Nun kommt die zweite Lage. Jetzt kannst du auch bedrucktes Zeitungspapier nehmen. Die Streifen wieder satt einkleistern und nacheinander auf den Teller legen und andrücken. Darauf Acht geben, dass sich keine Luftblasen bilden. Achtung: Richtung ändern! Wenn deine erste Streifenschicht quer verläuft, sollte die zweite längs verlaufen, die dritte wieder quer und so

weiter. Die Streifen über-
kreuzen sich also immer.
Nach jeder Lage den Rand
beschneiden. Im Ganzen
sollte der Teller 10 Schichten bekommen. Wenn du
deinen Teller später bemalen möchtest, dann klebe
als letzte Schicht wieder
weiße Streifen auf wie am
Anfang, das ergibt einen
besseren Maluntergrund.
Ansonsten such dir ein
schönes Bild von einem Ka-
lender, einer Gartenzeit-
schrift oder einem Spiel-
zeugkatalog und schneide
es in Streifen. Diese Streifen bilden dann die letzte
Schicht. Das sieht sehr ori-
ginell aus, du siehst es hier
auf der Abbildung. Nun
muss alles gut durchtrocknen. Das dauert mehrere
Tage. Dazu dreht man das
Ganze um, so dass der Por-
zellanteller oben liegt.
Dann beschwert man ihn
z. B. mit einem dicken
Buch. Wenn dann endlich
alles gut durchgetrocknet
ist, kannst du den Papptel-
ler abheben. Nun wird er
bemalt und lackiert. Hast
du als letzte Schicht bunte
Streifen verwendet, wird
der Teller nur lackiert.

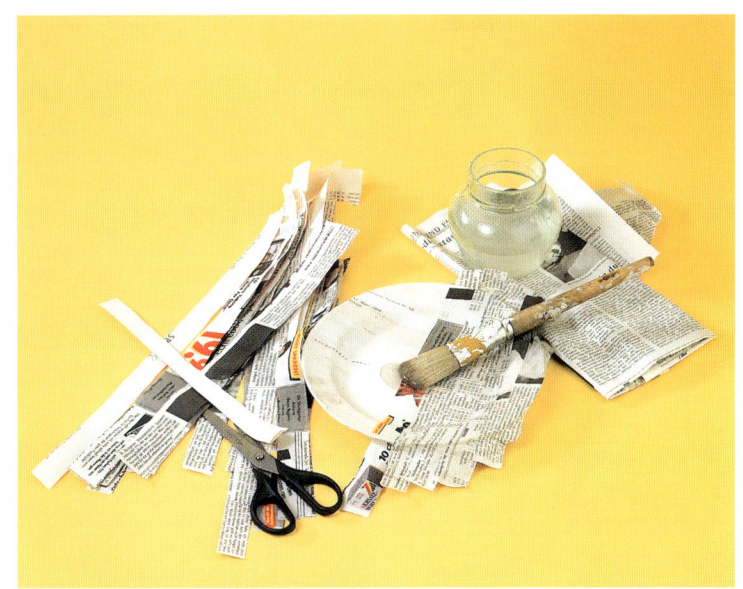

Orangen

Solche «Orangen» kannst du für deinen Kaufladen herstellen oder als Dekoration verwenden. Lege einige echte Orangen oder Mandarinen dazu und packe alles in eine schöne Schale. Dann hast du ein wunderbares Geschenk. Wie man die abgebildete Schale herstellt, ist auf Seite 51 beschrieben.

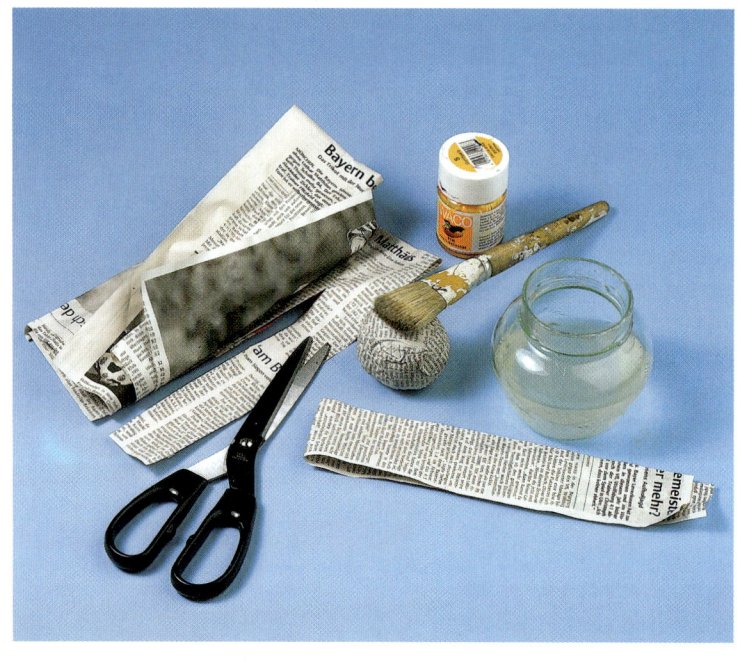

Material und Werkzeug: Zeitungspapier, Tapetenkleister, Bastelfarbe (Waco oder Deka) in Orange, Gelb und Rot, Zahnstocher oder dünne Zweige, etwas grünes Papier, Pinsel und Klarlack.

Knülle und forme das Zeitungspapier zu festen Kugeln. Streiche diese «Knödel» satt mit Tapetenkleister ein. Schlage als letzte Lage weißes Papier vom Rand der Zeitung möglichst glatt um die Kugel und drücke alles gut an. Eventuell noch einmal mit dem Kleisterpinsel alles bestreichen. Die Kugeln gut durchtrocknen lassen. Inzwischen aus den Zahnstochern oder den Zweigen die Stiele herstellen. Um jeden Stiel kleine Blättchen kleben. Schau dir dazu die Zeichnung an. Wir haben für die Blätter grünes Papier von Prospekten verwendet. Die getrockneten Maché-Kugeln mit orange Bastelfarbe zwei- bis dreimal anmalen. Wenn du bei der letzten Schicht Gelb und ein wenig Rot ungemischt mit auf den Pinsel nimmst, wird die Oberfläche lebendiger. Dann mit einem nicht zu dicken Schraubenzieher ein Loch in die «Orange» bohren und den vorbereiteten Stiel mit dem Blatt daran hineinkleben. Zum Schluss farblos lackieren – fertig!
Auf diese Weise kannst du natürlich noch anderes Obst und Gemüse herstellen: Äpfel, Birnen, Tomaten, Kürbisse und so weiter.

Blättchen für Orangen

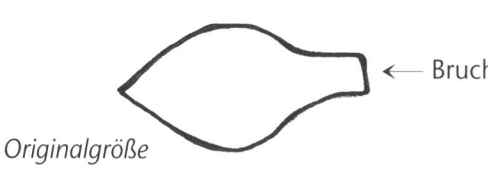

← Bruch

Originalgröße

Das Papier liegt doppelt: Am Stiel (Bruch) hängen die beiden Blätter zusammen.

Um den Stiel legen und zu *einem* Blatt zusammenkleben.

Julias Schuh

Als Julia, 11 Jahre alt, uns besuchen kam, war ihr zunächst langweilig. Dann entdeckte sie die «Tipp-Bastelkiste». Zuerst wühlte sie ein wenig darin herum und dann fischte sie das Zeitungspapier und den kleinen Eimer mit dem Tapetenkleister heraus. Was sie dann daraus «zauberte», seht ihr auf dem Foto. Sieht der Schuh nicht so aus, als hätte ihn eine Prinzessin verloren?

Julia hat am Anfang die Sohle mit dem Absatz daran hergestellt. Dazu verwendete sie kurze, gerissene Streifen Zeitungspapier. Das Papier hat sie immer gut mit Tapetenkleister eingestrichen und das Ganze Schicht für

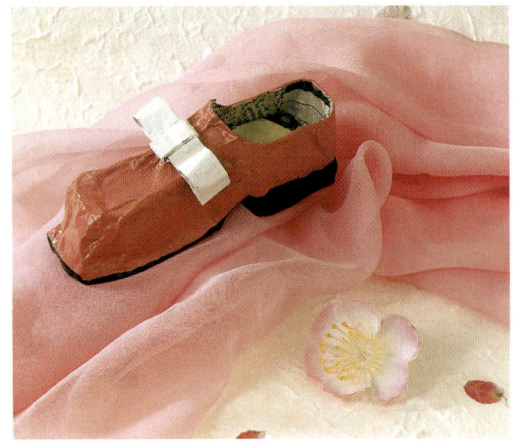

Schicht aufgebaut. Dazu hat Julia nicht einmal einen Pinsel gebraucht, sondern nur ihren Zeigefinger. Sie hat darauf geachtet, dass die Schichten immer gut glatt gestrichen wurden und sich keine Luftblasen dazwischen bildeten. Auf die Sohle wurden dann langsam die Seitenteile und die Kappe des Schuhs aufgebaut. Die kleine Schleife hat Julia separat hergestellt. Sie kam erst nach dem Anmalen auf den Schuh. Es hat einige Tage gebraucht, bis der Schuh vollständig durchgetrocknet war. Erst dann durfte er bemalt und hinterher lackiert werden. Innen sieht man noch das Zeitungspapier.

Vielleicht fällt euch auch ganz spontan so etwas Originelles aus Kleister und Zeitungspapier ein wie Julia. Es muss ja nicht unbedingt ein Schuh sein!

Maikäfer

Durch den ungeheuren Appetit ihrer Engerlinge sind Maikäfer bei Landwirten nicht gern gesehen. Alle anderen aber freuen sich beim Anblick der friedlichen braunen «Sumsemänner», die während der schönsten Zeit im Jahr unterwegs sind. Weil diese Käfer recht schwergewichtig sind, fliegen sie in charakteristischer «Schräglage» und geben dabei einen lauten Brummton von sich. Manchmal vergehen Jahre, bevor man wieder einmal einen Maikäfer zu Gesicht bekommt. Deshalb machen wir heute ein ganz besonders großes Exemplar aus Papiermaché.

Material und Werkzeug:
Zeitungspapier, Tapetenkleister, 1 Stück Karton, leere Toilettenpapierrolle, dünnen Draht, kleine Zange, gut deckende Bastelfarbe in Braun, Orange, Schwarz und Weiß, Pinsel, Klarlack.

Innenleben der Maikäfer-Fühler

Draht an zwei Enden zu «Schäufelchen» biegen. Dann werden sie mit eingekleistertem Zeitungspapier bezogen und anschließend bemalt.

Die Toilettenpapierrolle innen mit geknülltem Zeitungspapier leicht ausstopfen. Die Rolle danach etwas flach drücken, so dass sie walzenförmig wird. Dann mit eingekleisterten Zeitungspapierstreifen quer und längs bekleben, bis das gewünschte Körpervolumen erreicht ist. Eine kleine Papierkugel formen und mit Papierstreifen an den Körper kleben, das ist der Kopf. Das Hinterteil bekommt eine Spitze: Aus Zeitungspapier eine

(1) Der Käfer besteht nur aus Pappe, Zeitungspapier, Tapetenkleister, etwas Draht und Farbe

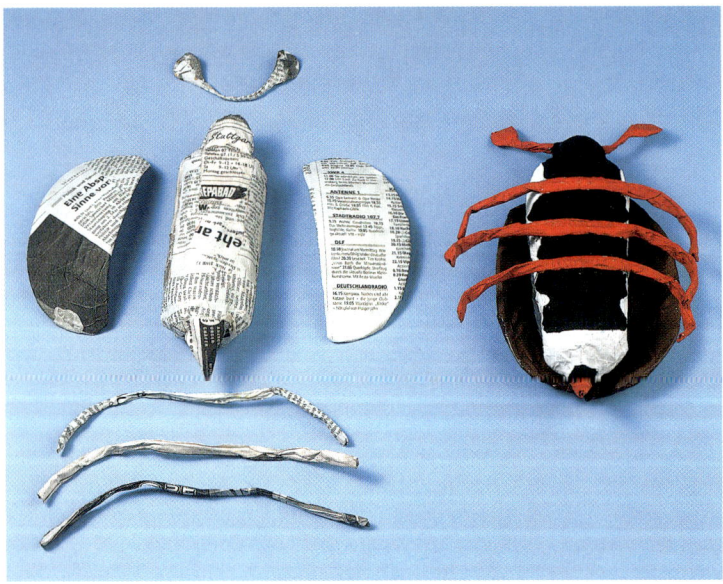

(2) Entstehung des Maikäfers

kleine Spitztüte drehen und mit ein paar eingekleisterten Papierstreifen ansetzen.

Fühler und Beine haben einen Drahtkern.
Beine: Drei doppelt liegende Drähte von
ungefähr 19 cm Länge zurechtschneiden
und mit eingekleistertem Zeitungspapier be-
wickeln. Achtung: Die Beine dürfen nicht zu
dick werden! So entstehen aus einem Draht
zwei Beine auf einmal. Die Beine an den
Bauch kleben, dazu 2 – 3 Papierstreifen verwenden.
Fühler: Einen doppelt liegenden Draht so
biegen, dass an jedem Ende ein kleines
«Schäufelchen» entsteht. Siehe dazu die
Skizze. Darauf malen wir später die Fieder-
blättchen der Fühler. Fühler wie bereits die
Beine mit Papierstreifen bekleben, anschließend in die richtige Position biegen und mit
2 – 3 Streifen an den Kopf kleben.
Flügeldeckel: Die Flügel nach der Skizze aus
Karton ausschneiden. Mit einigen eingekleis-

terten Lagen Zeitungspapier beziehen, damit sie plastisch und körperhafter werden.
Solange die Flügel noch feucht sind, formt
man sie leicht rund, damit sie sich der Kör-
perform gut anschmiegen. Dann muss alles
gut durchtrocknen, das dauert ungefähr
zwei Tage. Inzwischen kannst du dir die Farben besorgen. Verwende gut deckende Farben (Waco oder Deka oder Abtönfarben).
Wie man den Maikäfer bemalt, siehst du auf
den Abbildungen. Die Flügeldeckel werden
erst dann angeklebt, wenn alles bemalt und
getrocknet ist. Du kannst sie ganz verschie-
den ansetzen, geschlossen oder ausgebreitet. Wenn du sie leicht ausgebreitet haben
möchtest, schneide aus weißem Seidenpapier zwei ovale «Hautflügel» aus, falte sie ein
wenig und klebe sie halb unter die Flügeldeckel. Das sieht sehr «echt» aus, wie die Abbildung zeigt. Zum Schluss die Flügeldeckel
farblos glänzend lackieren, und dein Sumse-
mann kann losbrummen!

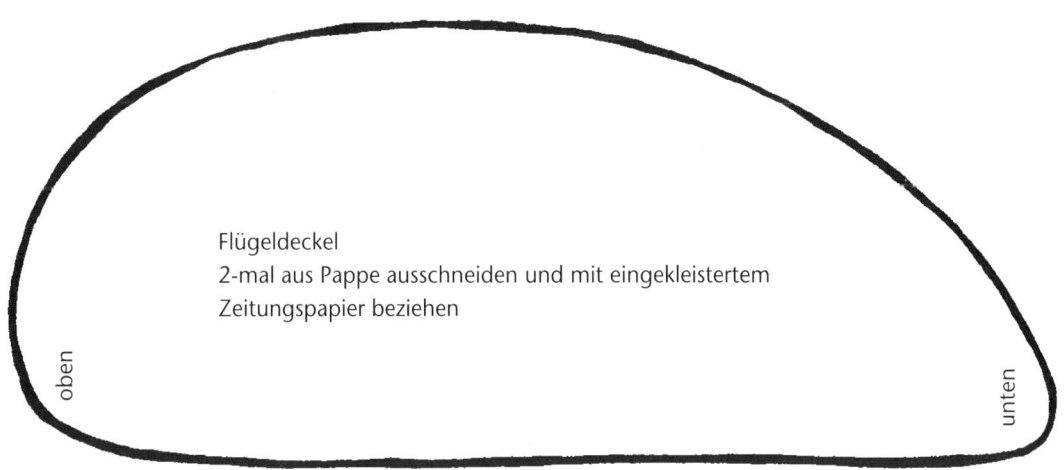

Flügeldeckel
2-mal aus Pappe ausschneiden und mit eingekleistertem
Zeitungspapier beziehen

oben

unten

5. Papierschöpfen

Handgeschöpftes Papier ist etwas ganz Besonderes, dabei kann man es ganz leicht selbst herstellen. Man bekommt auch einen Eindruck davon, wie die Menschen vor Jahrhunderten Papier gemacht haben. Wenn du deine ersten selbst geschöpften Papierbögen in den Händen hältst, wirst du Papier von nun an bestimmt mit anderen Augen sehen und es viel mehr zu schätzen wissen als bisher.

Material und Werkzeug:
Altpapier, eventuell Pflanzen, Holzleisten, Fliegendraht, Tacker und wasserfesten Holzleim zum Bauen des Schöpfrahmens, Küchenmixer, Plastikwanne, am besten rechteckig und mindestens 20 cm tief, Schwamm, Küchentücher, dickes Frotteetuch, Wäscheleine oder Wäschetrockengestell, Klammern, Bügeleisen, Eimer, großes Haarsieb oder Mulltuch.

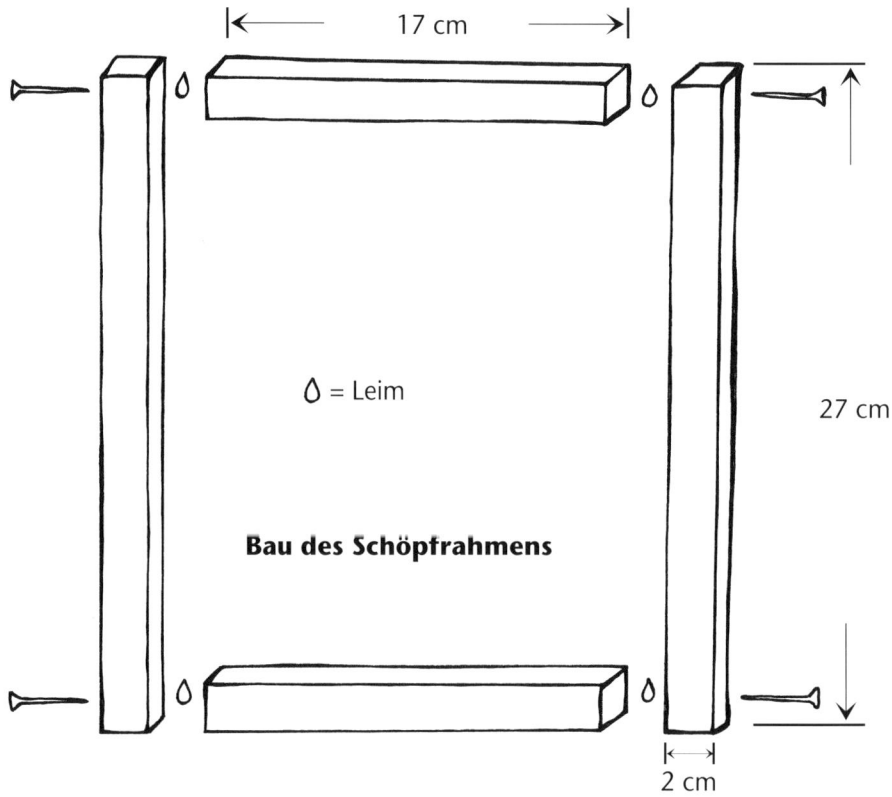

17 cm

◊ = Leim

27 cm

Bau des Schöpfrahmens

2 cm

Der Arbeitsplatz:

Papierschöpfen ist eine feuchte Angelegenheit, deshalb sollte man in der Küche, Waschküche oder im Freien arbeiten. Man braucht eine geräumige Arbeitsfläche, die Nässe verträgt. Auf dieser Arbeitsplatte sollten die Schöpfwanne und das dicke, ausgebreitete Frotteetuch, die Unterlage des frisch geschöpften Papiers, genügend Platz haben. Eine Wäscheleine oder ein Trockengestell samt Klammern müsste in der Nähe sein. Die angefeuchteten Küchentücher (für jeden geschöpften Bogen eins) liegen griffbereit.

Der Schöpfrahmen:

Zum Papierschöpfen brauchst du ein dünnes Fliegengitter, auf dem sich der Papierbrei gleichmäßig absetzen kann.

Material und Werkzeug:
4 Holzleisten (Vierkant, 2 x 2 cm), wasserfesten Holzleim, Fliegendraht, Tacker.

Maße und Zusammenbau siehe Zeichnung. Wenn du nicht die Möglichkeit hast, einen Rahmen selbst zu bauen, schau im Kaufhaus nach einem einfachen, preiswerten Bilderrahmen aus Holz. Das Glas muss natürlich herausgenommen werden.
Der selbst gebaute oder der gekaufte Rahmen wird mit dem Fliegendraht bespannt, zum Befestigen benutzt man einen Tacker. Achtung: Bei einem Bilderrahmen das Fliegengitter an der Rückseite befestigen! Beim Antackern des Fliegengitters am selbst gebastelten Rahmen achtet man darauf, dass einmal an jeder Ecke über die Ansatzkante des Rahmens getackert wird.

Die Schöpfwanne:

Als Schöpfwanne, in der der Papierbrei später schwimmen wird, dient eine einfache, möglichst rechteckige Plastikschüssel. Sie sollte so groß sein, dass du den Rahmen bequem hineintauchen kannst und deine Hände dabei noch genügend Platz haben.

Rohstoff zum Papierschöpfen:

Als Ausgangsmaterial verwenden wir Altpapier: Altes Schreib- und Computerpapier, gebrauchte Briefumschläge, Reste von Tonpapier vom Basteln, Zeichenpapier mit «Wer-

lass den Mixer ein paar Minuten laufen. Je nachdem, wie lange du ihn laufen lässt, erhältst du später gröberes oder feineres Papier. Der zum Schöpfen fertige, flockige Papierbrei hat einen lustigen Namen, er heißt «Pulpe».

Pulpe mit Pflanzen:

Interessantes Papier entsteht, wenn der oben beschriebenen Pulpe aus Altpapier Pflanzenfasern zugesetzt werden (Papierbögen siehe Abb. S. 44 oben und die Collagen auf S. 46 u. 47). Geeignet ist fast alles: Herbstlaub, Zwiebelschalen, Orangen- oder Mandarinenschalen (ungespritzt!), Lavendelblüten, Rosenblätter, Ringelblumen, Brennnesseln, Gras, Lauch, Rhabarber und mehr. Die Pflanzen zerbröseln (sofern sie getrocknet sind), zerschneiden oder klein zupfen. Lauch und Rhabarberstangen in 2 – 3 cm kleine Stücke schneiden und kurz kochen, damit die Fasern zerfallen. Getrocknete Pflanzenteile über Nacht einweichen, genau so wie das Altpapier, und am nächsten Tag ebenso im Mixer zerkleinern. Frische, saftige oder gekochte Pflanzen gleich in den Mixer geben. Dann die Altpapier-Pulpe und den Pflanzenbrei miteinander vermischen, etwa halb und halb. Achtung! Bevor du den Mixer benutzt, hol dir lieber die Erlaubnis von Mutter oder Vater. Erklär ihnen, dass es ja nichts Schmutziges oder Unappetitliches ist, was in euren Mixer kommt, sondern nur Papier, Wasser und eventuell Pflanzen. Dann versprich auch, hinterher wieder alles aufzuräumen.

ken», die nicht so gut gelungen sind, dünnen Karton, Obsttüten und so weiter. Eigentlich kann man fast alle Papiersorten verarbeiten. Beschichtetes Papier ist allerdings nicht geeignet, dazu gehören Hochglanzprospekte, fett- und wasserabweisende Einwickelpapiere, Illustrierte und dergleichen.
Merke: Du kannst kein gutes Papier schöpfen, wenn minderwertiges Ausgangsmaterial verwendet wird. Es lohnt sich deshalb nicht, Zeitungspapier zu nehmen, zumal die Druckerschwärze alles auch noch grau färben würde.

Pulpe:

Das Papier in möglichst kleine Stückchen reißen. Diese Schnipsel über Nacht in einem Eimer mit klarem Wasser einweichen. Am nächsten Tag wird das Ganze portionsweise im Mixer zerkleinert. Fülle etwa 1/3 Papierschnipsel und 2/3 Wasser in den Mixer. Lieber etwas mehr Wasser als zu wenig einfüllen, damit der Motor eures Mixers durch Überlastung keinen Schaden nimmt. Dann

(1)

(2)

(3)

Der Schöpfvorgang:

Fülle die Schöpfwanne etwa bis zur Hälfte mit warmem Wasser. Dazu kommen zirka 2–3 Mixerfüllungen Pulpe. Rühr alles gut mit der Hand durch. Die feuchten Küchentücher liegen griffbereit neben der Wanne. Lege das erste Tuch glatt auf das dicke Frotteetuch. Dann nimm den Schöpfrahmen mit beiden Händen (Gitter nach oben!) und tauche ihn schräg von oben langsam in die Schöpfwan-

(1) Arbeitsplatz und Utensilien.

(2) Das Sieb wird in die Bütte getaucht.

(3) Beim Herausheben liegt die nasse Papier- schicht auf dem Schöpfrahmen.

41

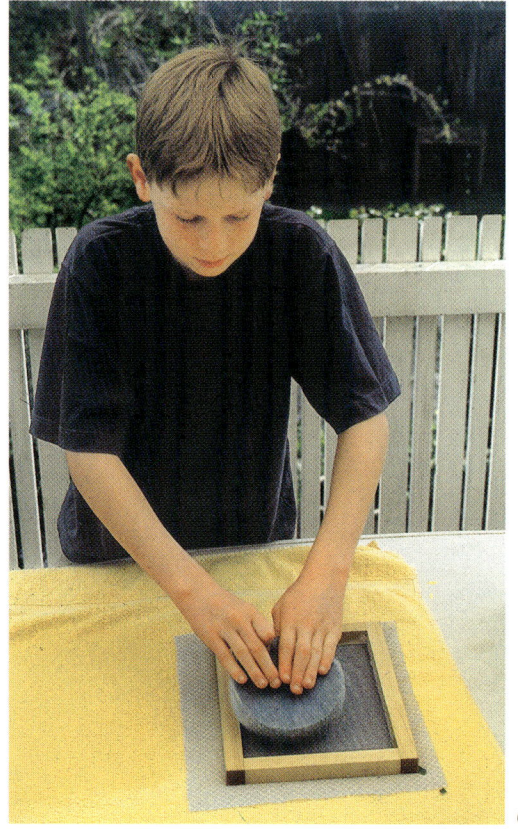

(4)

(5)

ne. Am Boden der Wanne halte ihn waage-
recht und hebe ihn zügig in dieser Lage an die
Oberfläche. Die nasse Pulpeschicht liegt nun
gleichmäßig auf dem Gitter. Lass das Wasser
ein wenig abtropfen, dazu kannst du leicht
mit dem Rahmen wackeln und ihn etwas
schräg halten. Nun kippst du den Rahmen mit
der Papiermasse nach unten auf das Küchentuch. Mit einem Schwamm tupfst du
mehrmals kräftig und gründlich über das Gitter, um überschüssiges Wasser aufzunehmen.

(4) Einige Blütenblätter kann man als Verzierung
aufstreuen.

(5) Das Sieb wird mit der Papierschicht nach
unten auf das Gautschtuch gekippt und überschüssiges Wasser mit einem Schwamm aufge-
nommen.

42

Den Schwamm zwischendurch ausdrücken. Dann hebe den Rahmen vorsichtig ab, und du siehst dein erstes Papierblatt auf dem Küchentuch liegen. Dieses Tuch heißt übrigens in der Fachsprache «Gautschtuch», das bedeutet so viel wie «abdrücken» oder «pressen». Anschließend nimmst du das Tuch mit dem daran klebenden Papierbogen und hängst es mit zwei Wäscheklammern zum Trocknen auf. Nun schöpfe den zweiten Bogen wie beschrieben und lege ihn auf das Gautschtuch, presse das Wasser wieder mit dem Schwamm ab und so weiter.

Merke:
Zwischendurch muss neue Pulpe zugegeben werden, sonst wird das Papier zu dünn. Das Bad immer gut durchmischen.

Am nächsten Tag kannst du den trockenen Papierbogen vom Gautschtuch abziehen. Das ist ein besonders schöner Moment, nicht zuletzt wegen des knisternden Geräuschs, wenn sich Tuch und Papier trennen. Zum Schluss werden die Papierbögen von beiden Seiten gebügelt. Vielleicht gibt dir deine Mutter etwas von ihrer Wäsche-Sprühstärke. Dann bekommt dein Papier eine seidige Oberfläche.

Anmerkung:
In der Schöpfwanne bleibt immer etwas Pulpe zurück. Es wäre viel zu schade, alles wegzuschütten. Gieß es lieber durch ein großes Haarsieb oder ein Mulltuch. Die sich absetzenden Fasern kannst du trocknen und bis zum nächsten Papierschöpfen aufbewahren. Oder du machst etwas ganz anderes daraus, wie auf den Seiten 48 bis 53 beschrieben.

(6)

(7)

(6) Schöpfrahmen abheben. Das nasse Papier haftet am Gautschtuch.

(7) Die frischen Bögen sind zum Trocknen aufgehängt.

Grußkarten

Hier siehst du sechs Grußkarten aus handge-schöpftem Papier. Dazu faltet man einen Bo-gen zur Hälfte. Auf handgeschöpftem Papier lässt sich nicht so besonders gut schreiben. Deshalb legen wir noch einen ebenfalls ge-falteten, ganz normalen Schreibpapier-Bo-gen in die Karte hinein. Wie man ihn be-festigt, zeigen die Skizze und das Foto. Die Außenseite deiner handgeschöpften Karte kannst du nach Lust und Laune bemalen, bekleben (z.B. mit gepressten Blumen), be-drucken oder auch ganz schlicht lassen. Eini-ge Anregungen sind hier abgebildet.

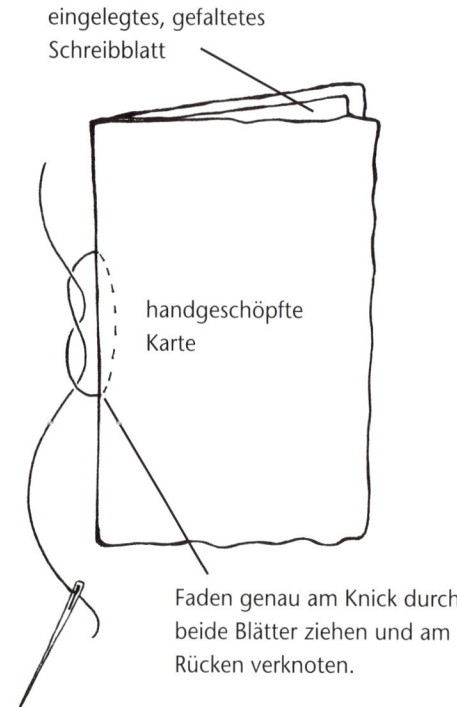

eingelegtes, gefaltetes Schreibblatt

handgeschöpfte Karte

Faden genau am Knick durch beide Blätter ziehen und am Rücken verknoten.

Popcorn-Tüten und Collagen

Papierbögen, die vielleicht nicht so gut gelungen sind (zu dünn, löchrig und so weiter), kannst du trotzdem noch verwenden. Wir haben zum Beispiel Collagen daraus geklebt und Popcorn-Tüten gedreht.

Für die Spitztüten wurden mehrere dünne Lagen übereinander gewickelt und mit etwas Klebstoff versehen.

Collagen sind Klebebilder aus verschiedenen Materialien, in unserem Fall verschiedenen Papiersorten. Bevor du zum Klebstoff greifst,

schiebst du deine geschnittenen oder gerissenen Papierstückchen auf der Fläche herum, um herauszufinden, in welcher Anordnung sie am besten wirken. Dein Auge hat von Natur aus ein Gefühl für Harmonie. Probiere so lange bis es zufrieden ist. Achte auf eine ausgewogene Aufteilung der Fläche. Wirkt die rechte Bildseite zum Beispiel zu «schwer», zu «voll», musst du auf der linken Seite einen Ausgleich schaffen. Dieses Herumprobieren, um die beste Möglichkeit herauszufinden nennt der Künstler «permutieren».

Der berühmte Maler Pablo Picasso gilt übrigens als Erfinder der Collage.

Collage aus handgeschöpftem Papier (Pulpe mit Orangenschalen!), Aquarellpapier, Wellpappe, zerknittertem Goldpapier und einer Rose, die aus einer Illustrierten ausgeschnitten wurde.

Collage aus handgeschöpftem Papier (Pulpe mit Lauch!), Aquarellpapier, Transparent- und Maulbeerbaumfaserpapier.

6. Alles aus Pulpe

Pulpe ist ein Brei aus zerkleinertem Papier und Wasser. Wie man ihn herstellt, ist im Kapitel «Papierschöpfen», Seite 40 beschrieben. Nun wollen wir aber kein Papier schöpfen mit der Pulpe, sondern sie zum Abformen verwenden. Dazu sollte die Pulpe eine Beschaffenheit wie Ton haben. Der Faserbrei, so, wie er aus dem Mixer kommt, ist viel zu matschig und zu nass. Deshalb geben wir ihn in ein Sieb oder ein Mulltuch und lassen die Masse dort abtropfen. Wenn du sie etwas drückst und presst, geht es schneller. Nun hast du einen geschmeidigen, tonartigen Pulpe-Klumpen der sich modellieren lässt.

Man sagt, die Menschen in China hätten das Papiermachen einst einem kleinen Tier abgeguckt, nämlich der Wespe! In der Tat bauen Wespen ihre Nester aus Papier. Sie raspeln morsches Holz ab und kauen und vermischen es mit ihrem Speichel. Aus dieser Pulpe modellieren sie ihre Behausungen mitsamt den darin enthaltenen Waben. Auf der Abbildung siehst du ein Stück von einer solchen Wabe.

Poppige Muscheln

Material und Werkzeug:
1 Handvoll Pulpe, 1 Venusmuschel, 1 kleines Messer

Wenn du keine Venusmuschel hast, kannst du auch eine andere Muschel nehmen. Sie darf nur nicht zu klein sein und sollte eine auffällige Struktur haben, damit der Abdruck gut herauskommt.

Nimm etwas Pulpe und drück sie fest auf die Muscheloberseite. Du musst gut andrücken, damit der Abdruck möglichst genau wird. Ist dann die ganze Muscheloberseite mit Pulpe bedeckt, lässt du das Ganze einige Tage trocknen (auf Seite 52 siehst du eine mit Pulpe bedeckte Muschel). Dann wird die Form abgenommen. Dabei solltest du ganz vorsichtig vorgehen und alles rundherum mit dem kleinen Messer lockern. Schließlich lässt sich die ganze Form abheben und du hast ein genaues Negativ der Venusmuschel.
Wir wollten die Muscheln als Schälchen für die Puppenecke verwenden und haben sie deshalb farbig angemalt und lackiert. Du kannst sie aber auch «natur» lassen. Das ist besonders reizvoll, wenn man die Pulpe mit Pflanzenfasern, wie auf Seite 40 beschrieben, vermischt hat.

Sicher fallen dir noch andere Gegenstände ein, von denen man auf diese Weise Abformungen machen kann (das macht übrigens sehr großen Spaß). Sie sollten eine auffällige

Abformungen von einem Ball und einer Venusmuschel

Struktur haben und müssten möglichst flach oder nur wenig gewölbt sein. Gut geeignet sind zum Beispiel große Ammoniten, das Geflecht von Körben, Holz mit erhabener Maserung und vieles mehr.

Angelika Wolk-Gerche

Wir bauen jetzt ein Haus

Ein Werk- und Spielbuch für
drinnen und draußen.
120 Seiten, durchgehend farbig,
gebunden

Ein Hauptbetätigungsfeld für das Spiel der Kinder, vor a llem im Alter von sieben bis zwölf Jahren, ist das Bauen von Häusern, sowohl im Kleinen wie im Großen.

Angelika Wolk-Gerche gibt in ihrem Buch für dieses Spielbedürfnis der Kinder zahlreiche Ideen und Anregungen: Häuser aus den verschiedenen Kulturen der Welt sowie freie Fantasiehäuser, mit denen sich drinnen oder draußen spielen lässt, werden hier vorgeführt. Mit diesem selbstgemachten Häusern werden die Kinder immer wieder gerne spielen.

Verlag Freies Geistesleben

Angelika Wolk-Gerche

Märchenwolle

Ideen und Anregungen
zum Verarbeiten und Gestalten.
80 Seiten, durchgehend farbig, gebunden

Pflanzengefärbte Wolle übt durch ihre zarten Farben und die Durchlässigkeit des Materials eine seltene Faszination aus. Daher entstand der Name Märchenwolle. Sie ist ein so vielseitiges und fantasieanregendes Material, dass die Möglichkeiten der Gestaltung nahezu unerschöpflich sind.

Angelika Wolk-Gerche gibt in ihrem Buch neue Anregungen, was man aus Märchenwolle zusammen mit Kindern alles gestalten kann. Dabei wird auch gezeigt, wie man Märchenwolle selber anfertigen und färben kann.

Verlag Freies Geistesleben

Angelika Wolk-Gerche

Tiere aus Märchenwolle

Ideen und Anregungen
zum Verarbeiten und Gestalten.
80 Seiten, durchgehend farbig, gebunden

Mit diesem Buch wird dem Wunsch vieler nach detaillierten Anleitungen zum Herstellen von Tieren aus Märchenwolle entsprochen.
Angelika Wolk-Gerche zeigt neue Möglichkeiten der Gestaltung mit Märchenwolle. Dabei werden verschiedene Techniken angewandt, sodass sowohl Anfänger wie auch Fortgeschrittene in diesem Buch wertvolle Anregungen finden werden.

Verlag Freies Geistesleben

Angelika Wolk-Gerche

Zwergenreiche

Geschichten, Spielvorschläge
und Bastelanleitungen
96 Seiten, durchgehend farbig, gebunden

Die Welt der Zwerge und Elementarwesen ist uns heute meist nur noch aus der Volkspoesie bekannt. In den letzten Jahren gibt es aber auch immer wieder Menschen, denen die hellsichtige Wahrnehmung von solchen Wesen möglich geworden ist. Neben der Beschreibung der Welt der Elementarwesen gibt Angelika Wolk-Gerche zahlreiche Anregungen zur Gestaltung von Zwergen zum Spielen und für die Jahreszeitentische.

Verlag Freies Geistesleben